AF319447

[illegible]

[illegible]

[illegible]

[illegible]

[illegible]

[illegible]

ESSAIS

SUR

L'EMBARRAS DE NOS FINANCES,

L'INFLUENCE DE L'AGIOTAGE,

LE VICE DE NOS CONTRIBUTIONS,

LE MODE DE NOS APPROVISIONNEMENS,

L'ABUS DES EMPRUNTS

ET LE RÉTABLISSEMENT DU BON ORDRE

DANS L'ADMINISTRATION.

E S S A I S

Sur l'embarras de nos finances, l'influence de l'agiotage, le vice de nos contributions, le mode de nos approvisionnemens, l'abus des emprunts et le rétablissement du bon ordre dans l'administration.

> De quelque diligence que l'on puisse user, le secours qui ne vient qu'après le mal, laisse toujours l'état en souffrance ; le gouvernement perd toute sa vigueur, et ne fait plus que peu de chose avec beaucoup d'argent.
> J. J. Rousseau, *Disc. sur l'économie polit.*

ENTREPRENDRE de parcourir cette épineuse carrière, c'est remonter à l'origine de tous les maux de la république; c'est rouvrir des plaies profondes, mais il faut avoir le courage de les sonder, ou renoncer à l'espoir de sauver la patrie.

La Hollande est heureusement évacuée; mais Suwarow et les 40 mille barbares qu'il commande, ont encore leur quartier-général à Augsbourg; l'Italie n'est point délivrée du joug autrichien ; l'archiduc est tou-jours à la tête de ses bandes impériales ; le prêtre Ruffo égorge, à Naples, tout ce qui s'est montré ami des français ; l'Angleterre a ralumé, dans le sein même de la république, tous les feux de la Vendée ; il faut pourvoir à la solde, à l'habillement, à l'équipement et à l'armement de 5oo mille hommes ; il faut par-tout former des magasins ; mais par-tout aussi l'argent manque. Que feront les consuls ?

L'anarchie, dans les finances d'un état, est la mère de toutes les anarchies possibles ; ce sont les finances qui ont amené de loin notre révolution ; les finances seules pourraient aussi. . . . . . . Je m'arrête ; ma plume se refuse à l'expression d'un tel avenir ; mais je dis que le danger est imminent, et qu'il est tems d'y pren-dre garde.

En finance, comme en politique, il est des maximes d'éternelle vérité, dont on ne peut s'écarter long-tems, sans troubler tout l'équilibre des ressorts d'un état ; et la chose publique n'est, en ce moment, si malade, que parce qu'on s'est permis d'oublier ces principes conservateurs.

Un systême de finance se compose de deux élémens, qu'il ne faut pas confondre : la législation et l'ad-ministration.

La législation peut être bonne, tandis que l'admi-nistration sera mauvaise ; mais le mal est à son comble, quand l'une et l'autre sont également vicieuses.

La sagesse du législateur est toute de conception ; l'exécution est toute entière du domaine de l'adminis-tration.

Un état éprouve des besoins plus ou moins étendus, suivant la nécessité où il est de faire des dépenses plus ou moins considérables.

Les unes sont *ordinaires*, et par conséquent faciles à déterminer ; les autres sont *extraordinaires*, comme les circonstances où se trouve un gouvernement, et ne peuvent être fixées que par approximation.

Si les circonstances obligent un état à dépenser, chaque année, au-delà de ses revenus, il doit en résulter, à la fin de chaque exercice, un *deficit* qu'on appelle *arriéré*.

Si la masse des revenus effectifs est égale à la somme totale des dépenses effectives, il y aura balance parfaite, pourvu toutefois que l'administration soit fidèle à appliquer chaque partie du revenu à la portion de dépenses qu'elle doit couvrir.

Si la recette est égale à la dépense, dans la balance établie par le législateur, mais que, par quelque vice d'administration, une partie des fonds publics soit détournée de son emploi, il y aura encore *deficit*, et par conséquent *arriéré*, malgré que la législation soit basée sur une balance parfaite.

Tout gouvernement qui, par quelque cause que ce soit, éprouve, à la fin de chaque année, un *deficit* ou *arriéré* quelconque, sans prendre des mesures efficaces pour le combler, doit, en dernière analyse, ou être écrasé sous le poids toujours croissant de sa dette, ou finir par une banqueroute.

Le législateur n'a rien fait, quand il n'a établi que la balance arithmétique des recettes et dépenses de l'état. Il est facile de comprendre qu'un million de revenu doit combler un million de dépenses à faire ; ce n'est là qu'un calcul de barême.

Lorsqu'il établit les revenus sur des contributions, le législateur doit soigneusement examiner quand et comment leur produit pourra rentrer au trésor public, pour combler ses besoins reconnus.

Si les besoins de l'état sont *urgents*, il faut des secours *actuels* ; et si le produit des contributions est *tardif*, le législateur a manqué son but ; il laisse l'administration dans l'embarras ; le mal se fait, et le secours qui ne vient qu'après, laisse toujours l'état en souffrance.

Il ne suffit pas qu'un état ait des revenus, il faut sur-tout qu'ils soient disponibles à tems utile ; des contributions qui ne rentrent que long-tems après que le besoin s'est fait sentir, équivalent presque à des contributions nulles ; et la nullité des ressources entraîne aussi nécessairement la nullité de ceux qui gouvernent.

Qu'on me dise ce que pourra faire un gouvernement qui n'aura pas ses recettes disponibles au moment où le salut public lui commandera des dépenses considérables qu'on ne pourrait ajourner sans compromettre la sûreté de l'état ?

Je maintiens qu'il n'aura que l'alternative ou de se voir, à chaque pas, entravé dans sa marche, ou de recourir à des opérations ruineuses, pour subvenir au besoin du moment.

Ira-t-il à l'emprunt ? Mais, pour emprunter, il faut avoir du *crédit* ; pour avoir du crédit, il faut supposer la *confiance*, et rien n'est plus faux que cette supposition à l'égard d'un gouvernement toujours embarrassé.

Pourquoi l'Angleterre trouve-t-elle à remplir ses fréquens emprunts, avec une si étonnante rapidité, malgré qu'elle soit écrasée sous le poids d'une dette nationale vraiment monstrueuse ?

C'est qu'elle respecte cette dette ! c'est qu'elle ne connaît ni notre système de *libération*, ni nos *arriérés*, ni nos *mobilisations*, ni notre *grand livre* !

Les emprunts de l'Angleterre semblent donner un nouveau degré d'activité à son numéraire circulant ; parce que le gouvernement a du *crédit*, et que le parlement ne décrète que des emprunts *volontaires*.

C'est le défaut de crédit qui nous oblige à recourir aux emprunts *forcés* ; mais les emprunts forcés ne produisent, dans la circulation, qu'un funeste resserrement, qui met tout le monde à la gêne, sans diminuer les embarras du trésor public.

Un gouvernement emprunte de deux manières, parce qu'il éprouve deux sortes de besoins.

Premièrement, il emprunte des capitalistes, lorsqu'il reçoit d'eux, sous certaines conditions, les fonds qui lui sont nécessaires pour assurer les services *en argent*.

Secondement, il emprunte des entrepreneurs, lorsque ceux-ci achètent, avec leurs propres fonds, les denrées et approvisionnemens nécessaires, soit pour les armées, soit pour les places fortes.

Si donc un bon système de contributions met le gouvernement en mesure d'être fidèle à ses engagemens, le capitaliste et l'entrepreneur attendront, sans inquiétude comme sans risques, l'époque stipulée de leur remboursement, et le gouvernement aura joui de leurs avances; voilà ce que j'appelle avoir du *crédit*.

Mais si le mal-aise du gouvernement est tel qu'on ne puisse compter ni sur la parole d'un ministre, ni sur des conventions écrites, la frayeur des *arriérés* fera trembler les plus hardis; les plus confians feront des conditions gênantes; il faudra déléguer sur les futurs revenus; ces délégations deviendront, sur la place, un aliment pour l'agiotage; elles perdront d'autant plus, qu'il faudra en émettre une plus grande quantité, ou que les rentrées seront plus éloignées ou moins certaines; ceux qui recevront ces effets ne voudront les prendre qu'*au cours* de la place, et alors le gouvernement fait des pertes énormes; ou si on les reçoit *au pair* de l'argent, contre fournitures, ce pair ne sera qu'idéal; car on mettra les fournitures à des prix relatifs; de sorte que ce sera toujours ce gouvernement désordonné, de quelque manière qu'il se retourne, qui, en dernière analyse, supportera ces onéreuses différences !

Le besoin continuel de vivre d'emprunts, est l'indice le plus évident ou du vice de la législation, ou du vice de l'administration, ou du vice de l'une et l'autre en même-tems.

Si j'examine la nature et les résultats de ces emprunts partiels qu'on a faits en l'an 7, pour subvenir aux besoins du moment, je ne suis plus étonné qu'on ne puisse parvenir à rendre possible une balance quelconque entre les recettes et les dépenses de l'état.

Je vois le gouvernement emprunter 12 millions

d'une maison de banque, et lui déléguer, en remboursement de cette avance, pareille somme de 12 millions, à prendre sur les contributions de l'année, *sans intérêts.*

Certes, au premier aspect, cette opération paraît extrêmement avantageuse à la république, puisque c'est une avance ou un *crédit* de 12 millions, qui lui est gratuitement ouvert par ces capitalistes !

Mais je ne tarde pas à m'apercevoir que cette généreuse avance se compose de 9 millions seulement *en espèces*, et de trois autres millions en *ordonnances* !

Je vois ensuite que les prêteurs font acheter ces trois millions *ordonnances* à bénéfice de 75 pour cent, et que, pour se les procurer sur la place, ils n'ont réellement déboursé que 750,000 francs.

D'où je conclus que, retirant de cette opération, ci.............. 12,000,000 fr.

Contre un déboursé qui n'a été que de ci........................... 9,750,000

Les capitalistes ont gagné ci..... 2,250,000

Voilà donc, sur une seule des opérations faites en l'an 7, plus de 2,000,000 fr. de fonds publics détournés de leur application naturelle et légale, par l'intermédiaire de l'agiotage qui s'est fait sur les ordonnances.

Mais, si je viens à considérer que des emprunts du même genre se sont successivement réitérés avec une multitude de capitalistes qui, tous, ont reçu *en espèces* le remboursement de sommes par eux avancées en simples ordonnances achetées de cette manière sur la place ; que même plusieurs de ces capitalistes n'ont versé au trésor public la partie *numéraire* de leurs avances, que successivement ou par des lettres-de-change payables à des échéances combinées avec la rentrée présumable des contributions qu'on leur avait déléguées ; je vois alors clairement quelle masse énorme de deniers publics a été engloutie par l'agiotage ! je vois que la gêne du gouvernement l'a forcé d'opérer en fils de famille, et que si ce système destructeur venait à continuer en l'an 8 les funestes ravages qu'il a faits en l'an 7, il n'y a pas de raison pour que l'agiotage parasite ne finisse par absorber toute la substance nutritive du trésor public.

Ce n'est pas précisément parce qu'il reste trop peu de numéraire en France, que sa rareté produit, en ce moment, des effets si funestes ; en supposant qu'il en existe dix fois plus que nous n'en avons en effet, nos angoisses seraient les mêmes, tant que la méfiance et la mauvaise administration empêcheront qu'il ne soit circulant ; car alors il existe comme s'il n'existait pas, et autant vaudrait, pour ainsi dire, qu'il fût encore dans les entrailles de la terre.

Mieux vaut, pour un état, une petite quantité de numéraire, à laquelle on communique une grande activité de circulation, qu'une quantité bien plus considérable que la peur ou tout autre motif oblige de cacher.

Un seul écu qui, dans un tems donné, passe rapidement en cent mains différentes, fera, dans la circulation, l'office de 100 écus, tandis que 100 écus effectifs, qui ne circuleront pas, laisseront dans le mouvement des espèces un vuide proportionnel de 10,000 écus.

Le trésor public est le grand mobile de la circulation des espèces ; il attire à lui le numéraire de tous les points de la circonférence ; mais si ce numéraire, au lieu de retourner du centre vers les extrémités d'où il est venu, va s'engouffrer à la bourse, quelle que soit la quantité existante dans la circulation, elle doit enfin s'épuiser, et la circulation être anéantie.

Si le trésor public recevait, chaque année, une quantité de numéraire double de celle qu'il aurait à dépenser, il est indubitable qu'à la fin tout l'argent existant serait en sa possession, et qu'alors toute circulation serait suspendue.

La même cause doit produire le même effet à l'égard de l'*agiotage* ; il pompe, chaque année, la plus belle moitié des revenus publics, par l'immensité des bénéfices qu'il retire des fausses opérations du gouvernement ; il ne rend point à la société dans la même proportion qu'il reçoit : donc il doit finir par absorber tout ce qui existe de numéraire circulant.

Lorsque le mal-aise du gouvernement réduit des entrepreneurs à postuler en vain, pendant des années entières, le paiement de leurs ordonnances, et que, poursuivis par leurs créanciers, ils sont forcés de vendre leurs titres sur la place, qu'arrive-t-il ? Deux choses également funestes à la prospérité publique et à la fortune particulière de ces créanciers de l'état.

La première, c'est qu'ils sont forcés ou d'abandonner

les services de l'état, ou de chercher un dédommagement dans des profits illégitimes.

La seconde est, qu'obligés de vendre à 75 pour cent de perte, ils sont ruinés, sans autre avantage que celui de gorger l'agioteur, qui vient, avec ses écus, se placer, comme une pompe aspirante, entre le gouvernement qui ne paie pas, et son créancier qui a besoin d'argent.

C'est toujours la gêne du gouvernement qui l'a forcé à émettre successivement les rescriptions, les délégations sur les domaines nationaux, celles sur les contributions publiques, les billets du syndicat, etc. etc.

Tous ces effets sont devenus la proie des joueurs à la baisse; par la négociation qui s'en est faite sur la place, ils ont perdu, l'un portant l'autre, 5o pour cent. Il est donc de toute évidence que l'agiotage a encore pompé au moins moitié de leur valeur effective; qu'il a privé le gouvernement de la moitié de ses revenus; que ce divertissement des deniers de l'état a dû produire, à la fin de chaque exercice, un *déficit* ou un *arriéré* proportionnel; qu'il a occasionné la méfiance et le discrédit; qu'il a produit la suspension ou le ralentissement de tous les services publics, et annihilé toute espèce de balance entre les recettes et les dépenses.

Supposez au ministre de la guerre un crédit ouvert de 100 millions en délégations ou en billets du syndicat, ou en telle autre espèce d'effets de ce genre, il en remet pour 10 millions à une compagnie d'entreprise; celle-ci les négocie pour obtenir du numé-

raire ; mais l'agioteur lui fait éprouver , sur la négociation , une perte de 50 pour cent : voilà donc
le cours de ces effets fixés à 50 pour cent de perte ;
la compagnie qui a négocié a perdu 5 millions sur
dix , et l'agioteur en a gagné autant ; mais le ministre, auquel il reste en porte-feuille 90 millions
de ces effets, sur les 100 millions qui composent son
crédit ministériel, en a perdu de son côté 45, avant
même qu'il en eût disposé, car par la fixation *du*
cours, ces 90 millions restans ne valent plus réellement que moitié de leur expression nominale ; donc
la république a perdu 50 millions effectifs pour le
chétif avantage d'en réaliser cinq ! ó économie !...

Emettre des délégations sur les domaines nationaux,
c'était plonger les propriétés foncières dans l'avilissement, et consentir à n'en plus vendre contre *ar-*
gent ? Qui voulez-vous, en effet, qui soit curieux
de verser du numéraire effectif au trésor public,
en paiement des domaines acquis, tant qu'on pourra
se les procurer avec du papier qui, perdant 50
pour 100 sur la place, est néanmoins reçu, dans
les caisses publiques, comme *espèces sonnantes*, et
pour la totalité de sa valeur nominale ? Il est évident que l'adjudicataire d'un bien de 100,000 fr.,
ne viendra se libérer au trésor public, qu'avec une
pareille somme en délégations qui ne lui auront
coûté que 50 mille fr. *numéraire !* c'est-à-dire, que
vous perdez en capital la moitié de vos domaines,
qui deviennent un apanage pour l'agioteur de vos
effets, tandis qu'ils devraient être une des plus utiles,

comme ils sont en effet une des plus précieuses ressources de l'état !

Comment s'étonner après tout cela, que le trésor
public soit perpétuellement aux expédiens ; que l'état
ne puisse plus jouir de l'intégralité de ses revenus ;
que les contributions rentrent si péniblement, quand
tout le numéraire va s'engloutir à la bourse, au lieu
de retourner à l'agriculture et à l'industrie, après
avoir entretenu les divers services de l'état ; que l'intérêt de l'argent soit si exorbitant (1), le crédit si bas,
la méfiance si grande, les faillites si nombreuses,
les propriétés foncières si avilies, vos domaines nationaux si peu recherchés, et le mal-aise général si
désespérant !

« Tout gouvernement, dit J. J., tend sans cesse,
» au relâchement ; cette seule raison montre pourquoi,
» nul état ne peut subsister, si ses revenus n'aug-
» mentent sans cesse. Le premier sentiment de la né-
» cessité de cette augmentation, est aussi le premier
» signe du désordre intérieur de l'état ; et le sage
» administrateur, en songeant à trouver de l'argent
» pour pourvoir au besoin présent, ne néglige pas de

____

(1) Est-il possible d'espérer que les capitalistes verseront
leurs capitaux dans les manufactures « à un intérêt de 5 pour
» 100 par an, tant qu'ils trouveront à les doubler, tripler
» et quadrupler sur la place, dans le même espace de tems,
» par la spéculation qui s'y fait sur des fausses opérations du
» gouvernement » ? Non, il est certain, tout au contraire,
que c'est toujours sur la place que les capitaux viendront se
concentrer, que l'agriculture et les manufactures en seront
nécessairement privées ; car elles ne peuvent présenter d'aussi
vastes bénéfices à faire à des bailleurs de fonds.

» rechercher la cause éloignée de ce nouveau besoin;
» comme un marin, voyant l'eau gagner son vaisseau,
» n'oublie pas, en faisant jouer les pompes, de faire
» aussi rechercher et boucher la voie. »

De cette première règle découle la plus importante maxime de l'administration, qui est de travailler avec beaucoup plus de soin à prévenir les besoins qu'à augmenter les revenus.

Le besoin inextinguible d'emprunter et d'agioter, coûtant à la république la moitié de ses revenus, est la voie maintenant bien connue par laquelle l'eau gagne le vaisseau de l'état ; vous devez donc, pour le salut de l'équipage et celui de la cargaison, boucher d'abord cette voie; et vous aurez assez de revenus, si vous savez, d'une part, en conserver l'intégralité, et de l'autre, en régulariser l'emploi.

Le premier vice que je trouve dans votre système de finances, appartient tout entier à la législation ; la plupart des vices secondaires, dont l'administration est infectée, ne sont qu'une suite presque nécessaire du premier.

Le législateur a basé une trop grande partie des revenus sur le produit des impôts *directs* ; il faut trois mois pour en composer les rôles ; ils ne peuvent être mis en recouvrement que dans le quatrième, et les rentrées ne sont complettes, quelque diligence que l'on puisse faire, que dans le cours de l'année, qui suit celle de leur établissement (1).

---

(1) C'est à la Chine, le pays du monde le mieux gouverné, où les *indirects* font la presque totalité du revenu

Un tel systême est donc évidemment incohérent, inconciliable avec l'urgence de nos besoins ; il faut le réformer sans délais.

Peut-être serait-il tolérable en tems de paix, parce qu'alors vous n'avez à couvrir que les dépenses ordinaires, à l'égard desquelles on s'arrange presque toujours à-peu-près comme on veut.

Mais en tems de guerre, et sur-tout d'une guerre sans exemple peut-être dans les annales du monde, il faut un systême de contributions qui soit co-ordonné avec les besoins extraordinaires, journaliers et impératifs auxquels un gouvernement est soumis par l'empire des circonstances.

Veut-on ou ne veut-on pas qu'enfin ce gouvernement puisse marcher ?

Si on ne le veut pas, tout est au mieux ; il n'y a qu'à laisser aller les choses comme elles vont ; et je garantis qu'à moins d'un miracle, il faut qu'à la fin il succombe sous le poids du fardeau.

Si on veut, au contraire, qu'il marche sans entraves et qu'il accomplisse les hautes destinées de la république, je n'y connais qu'un moyen aussi simple dans sa conception que facile à exécuter. Ce moyen est de réduire les contributions foncières et mobilières de l'an 8, aux deux tiers de ce qu'elles ont été pour l'an 7, et de reporter la différence sur des contributions *indirectes* sagement combinées, faciles à percevoir, et qui rendant chaque jour

---

public, puisque le blé et le riz, c'est-à-dire la terre, n'y paient absolument rien.

des

des valeurs effectives, dispenseront le gouvernement de recourir aux emprunts ruineux et aux opérations d'agiotage et d'anticipation qui, comme l'expérience l'a prouvé, ne produisent d'autre effet qu'un nouveau *déficit* à la fin de chaque exercice.

J'estime au moins à un million la distribution de fonds effectifs que la trésorerie devrait pouvoir réaliser chaque jour, pour alimenter d'une manière convenable tous les services de l'état, et donner à le circulation un mouvement salutaire.

Mais, si elle ne reçoit, dans le système actuel, que le tiers, ou moitié, ou seulement le quart de cette somme indispensable, il est évident que tous les services doivent rester de moitié, ou des deux tiers, ou des trois quarts au-dessous de leurs besoins; et que par suite ils doivent éprouver une suspension ou un ralentissement proportionnel.

Les seuls impôts qui vous produisent en ce moment le peu de numéraire que vous pouvez mettre à la disposition de vos ministres, pour les dépenses urgentes, quels sont-ils, si ce n'est le timbre, l'enregistrement, les postes, les douanes, etc...., en un mot, vos contributions *indirectes ?*

Quand le législateur a enfin senti la nécessité de pourvoir efficacement aux besoins des hospices, a-t-il eu recours à des sous additionnels sur les directs ? Non. Mais il a établi l'*octroi de bienfaisance*, dont le produit journalier vient combler la dépense quotidienne de ces monumens consacrés à l'humanité souffrante.

Lorsqu'il a voulu que les grandes routes fussent

B

enfin réparées, pour l'encouragement du commerce, n'a-t-il pas créé *le droit de passe?*

Le produit de ce droit n'a peut-être pas toujours été employé à l'objet pour lequel il a été établi ; mais c'est encore un effet très-fâcheux de la gêne du trésor public, qui, dans le moment de détresse, est forcé de prendre où il trouve de quoi subvenir au besoin qui le presse davantage.

Pourquoi donc, lorsque les armées éprouvent des besoins urgens que le trésor public ne peut ni ajourner sans danger, ni satisfaire à cause de la trop tardive rentrée des revenus, n'adopteriez-vous pas aussi la mesure salutaire des *indirectes,* si elle est en effet, comme je le pense, la seule capable de sauver des armées qui ont vingt fois sauvé la république?

Voulez-vous savoir à quoi vous en tenir sur *l'impôt foncier* qui grève en ce moment l'agriculture? Rousseau nous dit qu'il n'est autre chose qu'une taxe sur le produit de la terre, c'est-à-dire sur *le bled,* première et indispensable nourriture du peuple. Cependant, ajoute-t-il, chacun convient que rien n'est si dangereux qu'un impôt sur le bled, payé par l'acheteur : comment ne voit-on pas que le mal est cent fois pire, quand cet impôt est payé par le cultivateur même? N'est-ce pas attaquer la subsistance de l'état jusque dans sa source?

« On a osé dire qu'il fallait surcharger le paysan,
» pour éveiller sa paresse ; mais l'expérience, dit
» Rousseau, dément chez tous les peuples du monde
» cette maxime ridicule. C'est en Hollande, en An-
» gleterre, où le cultivateur paie très-peu de chose,

» et sur-tout à la Chine, où il ne paie rien, que
» la terre est le mieux cultivée; au contraire, par
» tout où le laboureur se voit chargé, à propor-
» tion du produit de son champ, il le laisse en friche,
» ou n'en retire exactement que ce qu'il lui faut
» pour vivre; car, pour qui perd le fruit de sa
» peine, c'est gagner que ne rien faire; et mettre
» le travail à l'amende, c'est un moyen fort singu-
» lier de bannir la paresse ».

Quoi de plus arbitraire et de plus tuant, pour l'industrie, que notre contribution mobilière et personnelle ?

Pour répartir un impôt de cette nature d'une manière équitable et vraiment proportionnelle, dit J. J., elle doit être faite en raison du superflu des biens ; opération très-importante et très-difficile, que font tous les jours des commis honnêtes gens, qui savent l'arithmétique (ou des juris téméraires qui ne la savent même pas), mais dont les Caton et les Montesquieu n'eussent osé se charger, qu'en tremblant, et en demandant au ciel des lumières et de l'intégrité.

Voudrait-on argumenter des monstrueux abus de l'ancienne fiscalité royale, pour repousser la mesure salutaire que j'indique ?

Mais je réponds qu'on peut facilement allier un bon système de contributions *indirectes* avec la dignité d'un peuple libre; qu'on peut en écarter les formes vexatoires qui ont dû le rendre odieux sous un régime de servitude; que les impôts *directs* ne peuvent être répartis que sur des bases plus ou moins voisines de l'arbitraire, soit qu'on veuille atteindre la propriété, soit qu'on veuille taxer l'industrie, et qu'il n'y a que les taxes *indirectes* qui soient vraiment républicaines, parce que la répartition en est toujours essentiellement juste, et la perception insensible pour le contribuable (1).

Je ne conçois pas comment des vérités de cette importance, si hautement proclamées par les plus célèbres économistes, et d'ailleurs si évidentes par elles-mêmes, ne sont pas tout d'abord senties par tout le monde; ni comment un corps législatif, composé d'hommes éclairés, pourrait hésiter plus long-tems à modérer la taxe *sur le bled*, c'est-à-dire, la contribution foncière, et à remplacer *le deficit* par une taxe sur des consommations d'un usage plus facultatif pour la masse peu fortunée du peuple. Le jour où le corps législatif aura vaincu le préjugé à cet égard, il aura gagné mieux que dix batailles; car il aura tout à-la-fois tué l'agiotage, assuré les revenus publics et sauvé les armées.

Il paraît qu'on est encore loin du but qu'on devrait se hâter d'atteindre; car, au lieu d'avoir cherché, dans le produit d'un impôt indirect quelconque, un objet de remplacement à l'emprunt forcé, on n'a vu de moyen, que celui d'aggraver de 25 centimes par franc, le poids déjà trop lourd des contributions directes. Cette mesure me paraît illusoire par deux raisons; la première, parce que le produit des *directs* est, de sa nature, beaucoup trop *tardif*,

____

(1) Si vous dégrévez de quelque chose, au lieu d'augmenter toujours davantage la foncière et la mobilière, elles se paieront mieux, sans retards, sans contraintes, sans poursuites et sans garnisers.

et que le trésor public a besoin de secours actuels ;
la deuxième, parce que l'augmentation d'un impôt,
dont la rentrée était déjà trop difficile et trop lente,
ne peut qu'augmenter la lenteur et la difficulté de
cette rentrée. C'est ainsi qu'en augmentant les droits
de timbre et d'enregistrement, on ne s'est point
aperçu que les recettes se fussent accrues ; mais
qu'au contraire, l'expérience a prouvé que les pro-
duits ont diminué de beaucoup.

C'est encore ainsi qu'on fit diminuer le produit
des douanes, en voulant trop enforcir les droits.
Il faut, entre le prix des choses et les droits dont
on les charge, une telle proportion, que l'avidité
des particuliers ne soit point trop portée à la fraude
par la grandeur des profits (1).

On agite, en ce moment, la question de savoir
si on préférera le système *des régies*, à celui *des
entreprises*, pour assurer la subsistance des armées,
et l'approvisionnement des places de guerre, pendant l'an 8.

Cette question est, j'en conviens, de la plus haute
importance ; car les approvisionnemens d'une grande
république qui est en guerre, font une des plus fortes
dépenses de l'état.

Mais, ne serait-il pas plus utile, et en même-
tems plus régulier, de traiter d'abord la grande
question de savoir comment on se procurera, non
pas des approvisionnemens avec de l'argent, ce qui
n'est pas difficile, mais avant tout de *l'argent* pour

______

(1) *Est modus in rebus ; sunt certi denique fines,
Quos ultrà citràque nequit consistere rectum.*

alimenter, soit des *régies*, soit des *entreprises* d'approvisionnemens ?

Eussiez-vous un système de finances aussi bon qu'il est vicieux, il pourrait être totalement culbuté par le mauvais système d'approvisionnemens qu'on aurait l'imprudence d'admettre ; mais aussi prenez-y garde, car, à son tour, un système financier aussi absurde que le nôtre, doit faire manquer vos approvisionnemens, quelque sage qu'en puisse être le mode.

En cette partie de l'administration, comme en beaucoup d'autres, autant de ministres, autant de systèmes différens ; chacun apporte le sien et veut le faire prévaloir ; il n'y a encore que le gouvernement proprement dit, qui n'a ni principes fixes, ni marche combinée d'administration.

Or, il faudrait précisément tout le contraire pour que les choses pussent bien aller ; je veux dire qu'il faudrait que le gouvernement se créât des règles stables en politique, en finance, en administration quelconque, et que tout ministre fût ensuite obligé de s'y conformer, sans pouvoir mettre à leur place ses systèmes ou ses opinions individuelles.

Tout système d'approvisionnemens qui ne sera pas en rapport intime et combiné avec l'étendue de vos moyens financiers, sera nécessairement mauvais ; comme aussi tout plan de finances insuffisant pour garantir vos approvisionnemens, deviendra la source inévitable de la plus funeste anarchie dans toutes les parties de l'administration.

J'ai vu plusieurs systêmes d'approvisionnemens se succéder avec rapidité depuis la révolution.

Nous avons d'abord vécu sous le désastreux régime des *agences* ! C'est à cette institution révolutionnaire que nous devons l'agiotage et la dépréciation du papier-monnaie ! le fatal *maximum*, qui a ruiné le commerce et tué l'industrie ! les dévorantes *réquisitions*, qui ont ouvert la porte à tous les genres de gaspillages, en faisant à la liberté des bataillons d'ennemis ! et enfin le renchérissement excessif des denrées, qui nous conduisit à la famine qui désola la république, au milieu même de l'abondance, dans les derniers momens de la convention nationale.

Jamais le service des approvisionnemens ne fut plus pénible qu'alors ; on mourait de faim à Paris, on mourait de faim dans les départemens et aux armées ! et cependant le gouvernement avait encore toutes ses ressources disponibles ; il fabriquait des assignats à volonté ; il les livrait à ses agences par ballots ; ce papier avait encore de la valeur, et le gouvernement n'avait pas besoin de *crédit* ; car il était en mesure, non-seulement de tout payer au comptant, mais même de tout payer par *avance* !

Cependant, lorsque le papier-monnaie fut totalement avili par l'effet même de ces trop indiscrètes émissions, lorsque le numéraire vint forcément reprendre son empire dans la circulation, lorsqu'on ne put s'approvisionner qu'avec de l'argent, il fut impossible au gouvernement de faire désormais à ses agences les avances qu'il leur prodiguait auparavant ; il fallut songer sérieusement à faire rentrer les contributions en valeur *métallique* ; mais comme elles rentraient fort lentement, et que les besoins ne pouvaient être ajournés, on sentit, d'une part, l'inutilité des agences, et de l'autre, la nécessité du *crédit.*

Je dis l'inutilité des agences, parce qu'elles ne pouvaient-approvisionner les armées qu'avec les fonds d'avance que le gouvernement leur donnait, et que celui-ci n'étant plus en mesure d'avancer, elles restaient sans moyens pour continuer les services.

Je dis la nécessité du *crédit,* c'est-à-dire, la nécessité des entreprises; car les entrepreneurs faisant les avances pour les achats, laissaient au gouvernement, par cette précieuse facilité, le tems de faire rentrer nos trop tardives contributions *directes,* et à mesure de leur rentrée, il devait aussi successivement solder les entrepreneurs.

Je demanderai maintenant aux partisans des *agences, régies* ou *commissions* d'approvisionnemens, car tous ces mots sont pour moi synonymes, si la position de nos finances est changée, puisqu'on parle de substituer la *régie* à *l'entreprise ?* (1)

Si on me prouve que notre état est amélioré; que le trésor public est en mesure de faire de grosses avances; qu'il a ses ressources tellement disponibles qu'il puisse se passer de tout *crédit,* je dirai : Prenez des *régies* ou des *entreprises,* peu importe ; car dès que vous aurez de l'argent, vos services seront assurés.

Mais, si l'état de nos finances est le même ; si, peut-être, le trésor public est encore plus gêné qu'il ne l'était alors, j'en conclus que vous avez plus besoin

____

(1) Si on admet le système des *régies,* on ne verra plus, comme par le passé, les fournisseurs tomber dans *l'arriéré* du gouvernement ; tout au contraire, ce sera le gouvernement qui tombera dans *l'arriéré* des *régisseurs.*

que jamais d'un vaste *crédit* ; que sans ce crédit, vos services ne pourront marcher ; que vous devez chercher ce crédit dans un petit nombre de grandes et fortes entreprises ; qu'il faut soutenir et encourager vos entrepreneurs de toute votre influence, et que, hors de là, il n'est de salut, ni pour vos finances, ni pour vos approvisionnemens.

On avait donc très-sagement adopté l'entreprise ; mais qu'arriva-t-il ?

Bientôt les entrepreneurs ne furent plus remboursés de leurs avances, et on créa successivement des *arriérés*, qui les renvoyaient au *grand-livre* !

On crut gagner beaucoup par des mesures de ce genre ; au contraire, on perdit tout, car on ne put plus compter sur la foi publique, et dès-lors le gouvernement resta sans *crédit* ; il fut contraint de se livrer, comme on l'a vu, aux ruineux emprunts, aux désastreuses anticipations ; on ne put traiter que moyennant de gros gages ; et malgré tous les sacrifices qu'on a faits pour subvenir au besoin du moment, j'entends dire de tous côtés que nos places sont restées dégarnies, que les armées ont souffert sur tous les points ; que la solde même est arriérée de six mois, et que c'est à cette pénurie qu'il faut attribuer nos désastres.

Cette nécessité de donner des gages à vos entrepreneurs, résulte de la crainte bien naturelle des *arriérés* ; l'expérience du passé les tient en garde contre les dangers de l'avenir ; le gouvernement est donc aujourd'hui forcé de subir cette loi.

Mais le mal ne fut pas d'avoir donné les délégations pour gage à des entrepreneurs chargés de faire les avances des services, il fut de les avoir données en paiement *par avance* et pour fournitures simplement présumées. La faute la plus grave, selon moi, fut encore d'avoir autorisé les compagnies à mettre ce gage en circulation ; car il est de l'essence du gage de demeurer intact entre les mains du dépositaire.

Tout effet du gouvernement qui sera *négociable*, deviendra une proie pour les spéculateurs ; c'est cette manie de tripoter qui a successivement discrédité les délégations, les rescriptions, les effets du syndicat, etc. etc. C'est encore elle qui annihilera de moitié la valeur des coupes de bois qu'on propose ; si cette valeur vient à être représentée, dans la circulation, par des effets négociables quelconques émanés du gouvernement, tant que la confiance ne sera pas raffermie par des actes saillans de sa fidélité à remplir ses engagemens.

Quelque solides que puissent être vos effets négociables, ils ne vaudront jamais, dans l'opinion, les lingots d'or ou d'argent ; parce que ceux-ci ont une valeur intrinsèque qu'aucun papier ne peut porter avec lui-même.

Hé bien ! si un négociant avait l'imprudence de jeter tout-à-coup, sur la place, pour des millions de lingots contre *espèces*, à l'instant même, il s'établirait un *cours* en faveur des espèces et au préjudice des *lingots*, qui apporterait entr'eux une différence sensible, quoiqu'à titre égal, leur valeur intrinsèque soit à-peu-près la même ! Pourquoi cela ? C'est que le lingot serait *proposé*, et le numéraire *recherché* sur la place.

Or, si c'est-là l'effet naturel des. choses, même lorsqu'il existe entr'elles parité de valeur intrinsèque , devons-nous nous étonner qu'un simple papier de gouvernement, que le besoin force de jeter tout-à-coup en circulation par masses de 10, 20 et 30 millions à-la-fois, et dont tous les porte-feuilles se trouvent inondés presqu'au même moment , éprouve une perte exorbitante ?

S'obstinera-t-on à vouloir maintenir en l'an 8 ce système dépréciateur d'effets circulables ?

Je prédis qu'on y sera forcé, si on adopte les régies d'approvisionnemens ; car elles ne pourront opérer que sur les avances qu'on leur fera. Il faudra donc, faute d'écus, pour leur faire ces avances, émettre des effets quelconques représentatifs des revenus non-rentrés ; il faudra négocier ces effets sur la place, pour en obtenir des espèces : l'agiotage aussitôt en fixera le cours. Plus on en émettra, plus ce cours sera bas ; et s'ils viennent à perdre 50 pour cent, comme l'expérience l'a prouvé, il en résultera que, pour 100 millions que vous avancerez , les armées ne recevront que pour 50 millions en fournitures ; car les 50 autres deviendront le patrimoine de l'agioteur. .

Si au contraire vous vous renfermez dans un bon et solide plan d'*entreprises*, composées d'hommes à moyens pécuniaires et industriels , qui feront les avances de vos services, mais à qui vous ne donnerez pour garantie que des gages non-négociables , vous n'aurez jamais un sou à perdre, quand vous délégueriez de la sorte par anticipation la totalité de vos revenus , vous sappez l'agiotage par sa racine ; vous forcez le retour dans la circulation ordinaire de cette foule de capitaux que le tripotage de vos effets attire et tient en arrêt sur la place ; les revenus publics qui viennent du peuple , retournent au peuple avec rapidité , pour revenir bientôt au trésor public : ce mouvement salutaire porte la vie jusqu'aux branches les plus éloignées de l'arbre social ; vos services marchent sur un solide crédit , vous n'êtes plus forcés de recourir aux emprunts ruineux , vous aurez mis votre système d'approvisionnemens en harmonie avec celui de vos finances ; vous ne payez plus à vos entreprises que tout autant que vous aurez reçu d'elles , et vous obtenez enfin une balance entre les recettes et les dépenses de l'état.

Tel est , dans mon opinion , tout le secret de nos finances ; et si j'ouvre le compte rendu , en l'an 7 , par l'ex-ministre de la guerre Schérer , j'y retrouve , à chaque page , la conviction de ces importantes vérités.

Il vous dit d'abord (pages 7 et 8) « que le système de finances de la république laisse très-peu » de numéraire au comptant à la disposition des » ministres , et qu'ils sont réduits à tirer le meil- » leur parti possible des délégations sur les contri- » butions et domaines nationaux... ».

L'ex-ministre a raison : notre système de finances, basé sur des contributions *directes* , dont le produit par conséquent est extrêmement *tardif*, doit laisser en effet très-peu de *numéraire* à la disposition des ministres ; et ce premier mal, qui en engendre bientôt mille autres après lui, appartient, comme je l'ai prouvé plus haut, à la législation.

Mais si on demande pourquoi les délégations n'ont pu tenir lieu de numéraire aux ministres, je répondrai que ce n'est point la faute du législateur, mais celle du ministre lui-même; car il ne devait ni payer d'avance les entreprises, ni les autoriser à négocier les délégations. C'est pour avoir permis l'agiotage de ces effets, qu'ils sont tombés dans l'avilissement, et que, dès-lors, ils ont cessé de tenir lieu de numéraire aux ministres.

C'est encore par suite de cette faute grave d'administration, que les compagnies, après avoir été rançonnées à discrétion par les spéculateurs de la bourse, se sont trouvées trop affaiblies en moyens, pour exécuter vos approvisionnemens dans toute l'étendue des besoins des armées, comme elles s'étaient obligées de le faire.

L'ex-ministre vous dit ensuite : « qu'obligé de » fournir trois mois à l'avance des délégations aux » entrepreneurs, il a basé les sommes à accorder » sur la quotité présumée des consommations ».

Vous l'entendez, c'est le ministre qui parle ! Il dit avoir payé, trois mois à l'avance, aux entrepreneurs de l'an 7, le montant des consommations présumées !

Or, calculez maintenant, si vous le pouvez, l'énormité de la différence qui doit se trouver dans les résultats entre le mode suivi par le ministre, et celui que j'estime qu'on doit adopter.

Par le premier, le ministre anticipe sur les revenus,

et fait un crédit de trois mois aux entreprises, du montant des consommations présumées !

Par le second, j'entends que l'entrepreneur soit assujéti à faire les avances, et que le gouvernement jouisse d'un *crédit* successif d'environ trois mois, sur la généralité des fournitures !

Donc trois mois d'avances que le ministre a faites aux entreprises, au lieu de trois mois de crédit qu'il aurait dû recevoir d'elles, ont apporté, dans la balance des recettes et dépenses de l'état, une différence équivalente à la perte d'un *crédit* de six mois.

Or, c'est ce *crédit*, on ne saurait trop le répéter, c'est ce *crédit* dont le trésor public ne peut se passer; c'est ce *crédit* dont l'absence a nécessité tant de ruineuses opérations; c'est ce crédit enfin que le gouvernement doit se hâter de reconquérir, à peine de voir en l'an 8, comme on a vu en l'an 7, tous les ressorts de l'administration se décomposer de la manière la plus effrayante pour les bons citoyens !

L'ex-ministre dit encore (page 15) « que les dé-
» légations ont nui singulièrement à l'activité du ser-
» vice, parce que les fournisseurs perdaient quand il
» fallait négocier ».

Mais, quelle nécessité y avait-il donc à négocier les délégations ?

Il est clair que c'était pour procurer du numéraire aux entrepreneurs.

Donc le service était fait sur les fonds du gouvernement et non sur ceux de l'entreprise : or, c'est précisément ce qui n'était pas nécessaire, et ce dont on doit soigneusement préserver l'administration de

l'an 8 , si on ne veut pas que les mêmes causes re-
produisent les mêmes résultats.

Lisez encore la note du ministre , au bas de la
même page 15 ; elle porte : « Il serait injuste de
» supposer qu'un fournisseur soit payé de ses livrai-
» sons , lorsqu'il a reçu des délégations sur les con-
» tributions ou les domaines nationaux; les déléga-
» tions ne sont pas des espèces sonnantes : les pre-
» mières perdent aujourd'hui jusqu'à 16 pour cent ,
» et les secondes perdent plus de 50 pour cent ».

Tirez maintenant les conséquences.

Il résulte de cette note , que les entrepreneurs
n'ont reçu les délégations qu'*au cours* de la place et
non *au pair* de l'argent ; que ces effets ayant énor-
mément perdu sur la négociation , c'est la république,
de l'aveu même du ministre , qui a supporté toutes
les différences. Il en résulte, comme je l'ai annoncé ,
qu'une compagnie qui aura reçu pour 20 millions de
ces effets , contre 20 millions de fournitures qu'elle
aura dû faire, n'aura retiré de la négociation que
10 millions *numéraire* , si la perte a été de 50 pour $\frac{0}{0}$;
que, par conséquent, cette compagnie n'aura pu ef-
fectuer pour 20 millions de fournitures , mais seulement pour 10 , parce qu'elle n'a en effet reçu que
cette somme ; que les armées n'ont pu recevoir la
subsistance , l'habillement , l'équipement , etc. qu'en
raison de moitié de leurs besoins effectifs , prévus et
calculés ; que la pénurie s'est fait sentir de toutes
parts ; qu'elle a engendré le découragement , la dé-
sertion , l'affaiblissement des armées , et delà les
revers.

Tels furent, tels devaient être, et tels seront toujours les fruits amers d'une mauvaise législation, et
d'une administration encore plus vicieuse !

Qu'on me dise si en l'an 8, on adoptera de meilleures
bases ; et je dirai, à mon tour, si nous pouvons espérer
des résultats plus heureux.

En ce moment, on vit de *réquisitions !* Mais comment
ne voit-on pas que c'est-là le pire de tous les systèmes
d'approvisionnemens, et que, dans 3 mois, l'appel seul
des denrées, dans les départemens, y aura absorbé
la totalité des contributions de l'an 8 ? Où prendra-t-on
ensuite pour vivre pendant les neuf autres mois de
l'année ?

Comment ne voit-on pas que les frais de transport,
du lieu de la réquisition au lieu de la consommation,
excéderont le prix comptant de la denrée, et que les
dépenses de la république, en cette partie, doivent
s'élever, dans ce système, au triple de ce qu'elles
peuvent-être dans celui d'une entreprise bien orga-
nisée ?

Comment ne voit-on pas que la loi dernièrement
rendue, et qui a confié aux administrations centrales
l'habillement et l'équipement des bataillons auxiliaires,
doit doubler cette partie de la dépense de l'an 8 ?

Comment ne voit-t-on pas que la réquisition de 40,000
chevaux, ne doit procurer aux armées que les plus
mauvais chevaux de la république et les lui faire payer
deux fois plus cher qu'ils ne valent ?

Cependant on parle sans cesse d'économie ! Mais
trop souvent nous voyons le mal là où il n'est pas,
et nous ne le voyons pas là où il existe réellement.

L'économie

L'économie qui consiste à réduire des appointemens, déjà modiques, à des employés qu'on ne paie pas; à supprimer des places nécessaires à leur existence, dans lesquelles ils ont vieilli, et qu'ils n'ont pas mérité de perdre, me paraît parcimonieuse et indigne d'une grande république; parce qu'elle ne fait qu'accroître le nombre des malheureux.

Quand vous supprimeriez encore tout ce qui vous reste de commis, en seriez-vous plus en état de payer les rentiers et les pensionnaires?

Gardez donc vos malheureux employés, pour peu qu'ils puissent vous être utiles; mais corrigez votre législation; fondez l'administration sur des bases salutaires; cessez d'alimenter l'agiotage qui dévore la moitié de vos revenus; et alors vous serez plus riches qu'il ne faudra pour faire face à tout, sans léser personne.

Telles sont encore les ressources de la France, qu'au milieu même du cahos de ses finances et du désordre de l'administration, il suffirait de publier son bilan, pour rassurer tous ses amis, et faire trembler ses ennemis.

On met au nombre de nos ressources le restant à recouvrer sur les contributions *directes* des années 3, 4, 5, 6 et 7; on ne dit rien ou presque rien du restant à recouvrer sur les *indirectes*.

Il est pénible d'avoir à détruire une illusion trop flatteuse, mais nous devons établir nos calculs sur des réalités et non sur des chimères. En effet, si vous consultez les bordereaux des receveurs généraux de départemens, on serait tenté de croire qu'il existe un restant considérable à recouvrer sur la

C

foncière et la mobilière des années 3, 4, 5, 6 et 7. Toutefois ce restant n'est que *fictif*; car il se compose 1°. de la partie payable en nature, dont les bons ne sont pas liquidés; 2°. de la partie du dégrèvement, non encore imputé; 3°. des réquisitions imputables sur les contributions, mais dont l'imputation n'a point été faite, parce que le ministre de la guerre a dû les faire entrer dans son crédit; que celui des finances a dû ordonner aux receveurs de remettre les pièces liquidées aux payeurs comme argent, et que rien de tout cela n'a encore été fait.

Il résulte de ces détails, que les commissaires de la trésorerie ne désavoueraient pas, que si le gouvernement venait à compter *sur l'arriéré* des contributions *directes*, comme sur une des grandes ressources de l'état, il serait bientôt forcé de reconnaître l'erreur de ce calcul. Il ne doit donc pas s'exposer aux fâcheux résultats qu'elle pourrait entraîner.

Par contre, il me semble que nous négligeons beaucoup trop une des plus importantes et une des plus certaines de nos ressources; c'est l'arriéré sur le restant à recouvrer de la régie d'enregistrement.

Le sort de nos finances dépend, plus qu'on ne l'imagine, des succès de cette administration; si les talens d'une grande partie de ses préposés répondaient à ceux généralement reconnus de ses administrateurs, des sommes immenses viendraient bientôt combler tous les besoins du trésor public; mais il semble qu'à mesure qu'on a donné à cette régie de nouvelles attributions, on l'a mise dans la nécessité de négliger les anciennes qui n'ont jamais été au courant.

Les livres sur lesquels doivent être inscrits les débiteurs de tout genre, et les tables alphabétiques facilitant les recherches, sont-ils montés ? Non.

Connait-on le montant des créances actives, tant en capital qu'en intérêts échus ? Non.

Les sommes dues par les acquéreurs des biens nationaux depuis 91 , sont-elles acquitées ? Non.

Les fermages en nature, les emphithéoses sont-ils au courant ? Non.

Le domaine forestier est-il bien administré ? Non.

Veille-t-on à ce que la république ne paie pas la moitié des contributions des communes, lorsqu'elle n'a que la minime partie du territoire ? Non.

Empêche-t-on que les mêmes biens-fonds ne soient portés sur les rôles des différentes communes qui se disputent le territoire, ou qu'ils n'y soient pas portés pour une contenance double et triple de ce qu'elle est en réalité ? Non.

A-t-on des bases fixes dans la perception ? Non.

Les hypothèques, ces archives de la fortune des particuliers, ont-elles leur sommier monté ? et un créancier peut-il obtenir un bordereau des créances inscrites contre lui ? Non, toujours non ; et sur toutes les parties, non. C'est là pourtant qu'est le véritable arriéré, le solide arriéré, exigible et payable de suite. Pourquoi cette partie si rassurante du bilan national, ne fixe-t-elle pas davantage l'attention du gouvernement ?

On propose d'assujétir à un cautionnement pécuniaire les receveurs généraux des contributions ; la mesure est bonne, elle sera d'un produit aussi considérable que certain ; mais pourquoi la restreindre à cette seule classe de comptables ? N'est-il pas juste que tous ceux qui reçoivent, manient ou disposent des revenus de l'état, donnent à l'état des garanties ?

Si vous assujétissez également à la mesure du cautionnement en numéraire les payeurs généraux, les receveurs de l'enregistrement, les gardes-magasin des effets de la république, même les notaires publics et les huissiers, vous trouvez à l'instant de quoi pourvoir à tous les besoins du moment.

Et à l'égard de l'avenir, je crois avoir suffisamment indiqué sur quelles bases il faut établir désormais vos revenus, et d'après quels principes il convient d'administrer, pour en conserver à l'état l'intégralité, et maintenir la balance de ses recettes et dépenses.

On écrirait des volumes sur un sujet si vaste ; je n'ai voulu faire qu'un essai.

J'ai dit des vérités qui seront difficilement du goût de tout le monde, mais qui n'en sont pas moins des vérités ; je les livre à la méditation des hommes qui aiment franchement la république, qui ne voudraient y voir que des heureux, et qui s'épanouissent au récit de nos victoires, parce qu'ils les considèrent

comme le gage certain d'une paix prochaine et du-
rable.

Quant à ceux qui ne fondent leurs espérances
que sur les troubles et les revers, je sais d'avance
que ma plume n'est pas faite pour les convaincre.

LA PORTE,

De la Législative et de la Convention.

De l'imprimerie d'ANT. BAILLEUL, rue Grange-
Batelière, n°. 3.